SAINT-JOSEPH-DES-CHAMPS

ORIGINES DU PÈLERINAGE

1840-1893

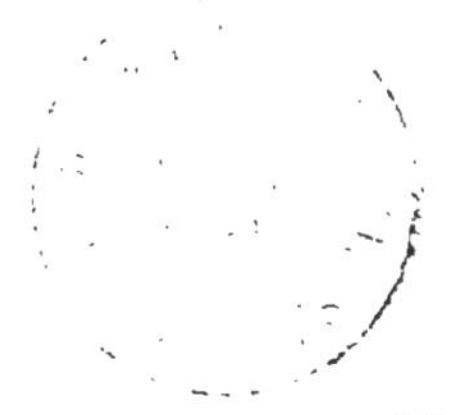

PAR

M. l'Abbé E. FOUQUET

LAVAL

Auguste GOUPIL, Imprimeur-Libraire

1893

SE VEND AU PROFIT DE LA CHAPELLE

NOTICE SUR LE PÈLERINAGE

DE SAINT-JOSEPH-DES-CHAMPS

près Laval

PERMIS D'IMPRIMER.

Laval, le 1er Mars 1893.

F. LEMAITRE, *vicaire-général.*

SAINT-JOSEPH-DES-CHAMPS

ORIGINES DU PÉLERINAGE

1840-1893

PAR

M. l'Abbé E. FOUQUET

LAVAL

Auguste GOUPIL, Imprimeur-Libraire

1893

« Je goûterais un plaisir bien pur à raconter, dans un récit détaillé, les grâces dont tant de personnes sont comme moi redevables à ce grand saint...

Je me contente de conjurer, pour l'amour de Dieu, ceux qui ne me croiraient pas, d'en faire l'épreuve ; ils verront combien il est avantageux de se recommander à ce glorieux patriarche et de l'honorer d'un culte particulier... »

(Sainte Thérèse, *Sa vie écrite par elle-même*).

PÉLERINAGE

DE

SAINT-JOSEPH-DES-CHAMPS

En 1818, la très humble servante de Dieu, Thérèse-Agathe Rondeau, modeste ouvrière de Laval, fondait en cette même ville le nouvel Institut de Notre-Dame de la Miséricorde. Des centaines de jeunes filles, que la misère et le délaissement exposaient à toutes les séductions du mal, ne tardèrent pas à se retirer dans le refuge si providentiellement ouvert à leur bonne volonté. La direction pleine de douceur, de patience, de bonté ferme et cordiale, qu'elles y recevaient de la part des religieuses, *leurs Mères*, les pratiques de la prière commune, du travail silencieux et de la mortification volontaire, transfiguraient bientôt ces âmes et faisaient retrouver à la plupart d'entr'elles, aux pieds de Dieu, toutes les délicatesses de l'innocence unies aux saintes ardeurs de l'amour pénitent. Les épreuves de chaque jour, les soucis du lendemain ne manquèrent point à la bonne Mère Thérèse. Elle attendait, patiente et courageuse, qu'il plût à Dieu de bénir son œuvre et d'y intéresser de généreux bienfaiteurs.

L'an 1826, un don de six mille francs, fait par une pensionnaire de la Communauté, Mlle Branchu, permit l'acquisition de vingt-et-un journaux de terre sur la campagne d'Entrammes, à la limite extrême de la commune de Laval. C'étaient des landes incultes, à plus d'une lieue de la ville. Aussi dès la première visite : « Notre propriété s'appellera *Tout-li-faut* », avait dit la bonne Mère avec la spirituelle et rassurante gaieté qui, chez les serviteurs de Dieu, survit aux situations les plus embarrassées. Le nom fut acclamé. Puis le défrichement fut entrepris, avec des instruments d'emprunt, par quelques filles employées là tout le jour sous la garde d'une sœur, à ce pénible travail ; et dans les landes du Breil-aux-Francs des champs et des prés de bon rapport remplacèrent les bruyères et les ajoncs d'antan. Bientôt une ferme fut bâtie, puis louée par la Miséricorde.

Un religieux de la Cie de Jésus, le P. Desbrosses,

avait pris résidence à la Maison de Laval en 1835. C'était un prêtre vertueux, vaillant champion de la foi, qui, dans les pires journées de 93, avait eu le grand honneur d'être mis au secret du cachot ; depuis son retour en France, après un dur exil, il avait été, durant une émeute, très grièvement blessé de deux coups de faux, par un sectaire. De toutes ses forces il avait propagé déjà le culte du Sacré-Cœur ; et maintenant il était dominé par une pieuse pensée qui l'obsédait jusqu'à l'inquiétude : ériger quelque part en France et consacrer à saint Joseph une chapelle de pélerinage. Même il s'y engagea par vœu, pour obtenir la réouverture des collèges de la Compagnie de Jésus, résolue de fait quelques années après. Rapproché par son ministère du nouvel Institut de la Miséricorde, il eut vite fait de reconnaître et d'apprécier l'infatigable zèle de la vénérée Mère Thérèse, et lui confia par le menu ses projets et ses plans. La bonne Mère écouta, ravie d'une telle rencontre, et voulut sans délais qu'il avisât à la parfaite exécution d'un si religieux dessein. Mais d'abord quel serait l'emplacement du nouveau sanctuaire ? Depuis des siècles Laval avait son pélerinage aimé, N.-D. d'Avénières ! Il fallait donc choisir, en dehors de la ville, un lieu convenable à la sainte entreprise : et tout heureuse d'avoir sitôt trouvé, la Supérieure proposa simplement son petit bien de Tout-li-faut. En reconnaissance de faveurs obtenues, qu'elle attribuait très volontiers au patronage de saint Joseph, et dans le confiant espoir de grâces plus signalées encore, elle repoussa de moins généreuses inspirations et déclara que désormais et à perpétuité saint Joseph resterait le seul propriétaire des terres acquises et de toutes dépendances futures.

La Maison de la Miséricorde, outre le terrain, fournit le sable et la pierre. Le P. Desbrosses organisa des quêtes, lança des listes de souscriptions dans la ville de Laval, à Paris, à Bordeaux, à Toulouse, à Metz, à Lyon, partout encore où ses relations lui permirent de trouver des zélateurs et zélatrices de l'œuvre, et parvint à réunir les sommes indispensables aux premiers travaux ; il ne recula devant aucune peine, aucune fatigue, aucune démarche ; sous la pluie, sous la neige, de Saint-Michel à Tout-li-faut il multiplia les voyages et fit tant qu'au 19 mars 1840, Mgr Bouvier, évêque du Mans, autorisait M. Chevallier, curé d'Entrammes, à bénir la chapelle de Saint-Joseph-des-Champs.

C'était un très simple et grâcieux oratoire de style ogival, surmonté d'un léger clocheton. Les contreforts qui l'appuyaient des deux côtés de l'entrée se terminaient en pyramides et lui donnaient un aspect moins pesant ; un porche à colonnades rendait facile de célébrer dehors le salut du T. S. Sacrement et de porter la parole au peuple dans le cas d'une affluence plus grande. La nef intérieure pouvait au besoin contenir cinquante personnes. La statue du saint avait été placée dans le sanctuaire, au-dessus même de l'autel.

Certaines difficultés d'ordre administratif ne permirent pas de donner à la bénédiction toute la solennité qu'on eut souhaitée. M. le Curé d'Entrammes et son vicaire, deux sœurs de la Miséricorde, signèrent le procès-verbal, aujourd'hui conservé dans les archives de la paroisse.

Trois neuvaines de Messes furent célébrées à l'intention des bienfaiteurs. Pendant un an, les sœurs de la Miséricorde firent pour eux, tous les mois, une communion générale et récitèrent tous les jours les litanies de saint Joseph. Puis elles offrirent aux souscripteurs, en témoignage de reconnaissance, une lithographie représentant l'intérieur de la chapelle. Ce fut pour chaque famille un souvenir de sa dévotion généreuse et confiante et la garantie d'une protection spéciale du T. S. Patriarche.

Par un bref du 25 septembre 1840, Grégoire XVI accorda sur demande : une indulgence plénière le premier mercredi de chaque mois ; deux autres, le 19 mars et dans la fête du Patronage, à tout pèlerin, qui, confessé et communié, prierait dans la chapelle pour les besoins de l'Église ; en outre, une indulgence partielle, applicable comme les précédentes aux âmes du purgatoire, pour chaque visite pieuse à la chapelle. En 1842, par un bref du 20 septembre, le Souverain Pontife concédait aux pèlerins le libre choix du jour de leur visite, pour gagner la première indulgence plénière antérieurement accordée.

La Mère Thérèse était trop désireuse de léguer à sa communauté l'honneur et le soin d'entretenir le béni sanctuaire, pour hésiter un seul instant à reprendre l'exploitation de la ferme. Elle y réinstalla donc, sous la surveillance d'une sœur, quelques-unes de ses filles, à tâche d'y travailler, la semaine durant, à la culture de la closerie et de revenir chaque dimanche à la Maison de Laval. Prenant à cœur cette œuvre de pénitence et de zèle, les métayères de la Miséricorde accommodèrent promptement à l'usage des pèlerins les dépendances de l'oratoire ; et c'est alors, que de la grande route à la chapelle, elles plantèrent cette magnifique avenue de châtaigniers où les pieux visiteurs, durant les jours d'été, cherchaient un abri tranquille et se reposaient à l'aise. Le calvaire d'entrée fut érigé plus tard, le mercredi des Rogations 5 mai 1875, par M. l'abbé Doiteau, curé d'Entrammes.

Le lieu béni fut vite accrédité d'ailleurs par les précieuses faveurs et les grâces qui, dès le début, récompensèrent la foi des pèlerins de Saint-Joseph.

A la Miséricorde, une pauvre fille, après trois mois de souffrances aigues et de fièvres sans relâche, avait été désespérée des médecins ; languissante et sans forces, elle exprima le désir d'être conduite à Saint-Joseph-des-Champs et, durant la messe, elle demanda suivant le bon plaisir de Dieu, sa guérison parfaite ou la grâce d'une bonne mort. Elle communia... le mal disparut subitement et dès le jour même, 22 avril 1840, cette fille, surveillante à la Maison de Laval, put reprendre ses fonctions.

L'année suivante (1841) la Supérieure des Religieuses Hospitalières de Saint-Julien tomba dangereusement malade, au point que les remèdes ne lui procuraient plus le moindre soulagement. Les sœurs et les élèves du pensionnat qu'elles dirigeaient alors, commencèrent une neuvaine en l'honneur de Saint-Joseph-des-Champs. La Mère Letourneur ne tarda point à ressentir un mieux naturellement inexplicable, et peu à peu revint à la santé. Le dévot aumônier de la Maison, M. l'abbé Broussin, conduisit en pélerinage à la petite chapelle une quarantaine de personnes, qui toutes, attribuaient à la puissante médiation de saint Joseph la guérison vraiment inespérée de la Mère Supérieure. Telle religieuse de l'hospice, alors élève du pensionnat, se souvient parfaitement encore de ces détails circonstanciés et rend témoignage de l'authenticité de notre récit.

Dom Couturier, R. P. Fr. d'Assise, abbé de la Trappe du Port-du-Salut, recommandait souvent à saint Joseph les intérêts de son monastère. Il voulut témoigner sa piété reconnaissante en décorant lui-même de riches peintures le maître-autel du Sanctuaire.

La Mère Thérèse éprouva bien souvent aussi la singulière et manifeste protection de saint Joseph. Sa vie nous en fournit deux traits, au cours des années 1843 et 1844. La fondatrice avait dû craindre pour l'avenir de sa Maison ; la détresse fut extrême ; le pain manqua ; filles et religieuses prièrent saint Joseph : un don de mille francs, tout à fait providentiel, vint les tirer des premiers embarras et leur permit d'attendre d'autres secours.

Chaque jour aussi le nombre des filles recueillies se faisait plus considérable ; les anciens corps de bâtiments ne pouvaient plus suffire. Il fallait des dortoirs, un nouvel atelier : tout en redoublant de jeûnes, de privations et d'ardeur au travail, on parvenait à grand peine à ne pas mourir de faim. La bonne Mère, confiante à l'excès dans le tout puissant pouvoir de saint Joseph, attendait de lui l'heureuse issue d'un si critique état ; et, pendant la neuvaine, un don d'argent relativement considérable fut adressé de Rennes à la pauvre communauté ; le donateur datait son généreux envoi du 19 mars, fête du saint.

Dès les premières années du pélerinage, des messes avaient été fondées avec approbation de l'Évêque du Mans, selon des conditions fixées par lui, dans la chapelle de Saint-Joseph et cet exemple fut bientôt suivi. Rien ne donne une idée vraie des sympathies que rencontra l'œuvre à son début, mieux que la liste des pieux fondateurs :

1840. Mademoiselle Dufresne, Laval.
— Madame de Salse, Metz.
1841. Madame Ducoudray, Laval.
— Monsieur et Madame Dubois-Beauregard, Laval.
— Mademoiselle Joséphine Legentil, Laval.

1841. Monsieur Récamier, docteur-médecin, Paris.
— Madame de Vaufleury de Beaulieu, Laval.
— Monsieur le marquis de Rosembeau, Paris.
1842. Monsieur et Madame Genesley-Portier, Laval.
— Monsieur Ducoudray, curé, Ampoigné.
— La Communauté des SS. de Bon-Secours, Paris.
— Monsieur Alfred Courte, Laval.
— Madame veuve Soudri, Quimper.
— Madame la comtesse de Rivière, Versailles.
1843. Plusieurs personnes réunies, de Laval.
— Monsieur l'abbé Boiteux, Angers.
— Monsieur Le Lasseux, La Flèche.
— Mademoiselle Joséphine Portier, Laval.
— Mademoiselle de Maurel, Paris.
— La même, pour le P. Barat, Paris.
1844. Mademoiselle Fessard, Yvetot.
— S. A. R. Mademoiselle, comtesse de Rosny, Goritz.
— Madame la marquise de Nicolaÿ, Paris.
1845. Les Dames du Sacré-Cœur, Laval.
— Monsieur Lamandé Courte, Paris.
— La résidence de la Compagnie de Jésus, Laval.
— Madame la baronne Estève, Paris.
— Monsieur Lauras, Paris.

1845. Mademoiselle Sophie Hardouin, Paris.
1846. Mademoiselle Cécile de Castellane, Paris.
— Mademoiselle Verger, Meslay.
1847. La résidence de la Compagnie de Jésus, Metz.
— Monsieur Jacques Auxite, vicomte d'Esclaus, Paris.
— Monsieur Isidore-Maurice d'Esclaus, Paris.
— Vicomtesse d'Esclaus, née des Achards de Sainte-Colombe, Paris.
— Monsieur Eugène-Joseph Delvaux, Paris.
1848. Madame de Ravenel, La Flèche.
— Monsieur et Madame de Quatrebarbes (de Bailli), Laval.
1862. Le Père Carillon, S. J.
— Monsieur des Bouillons et sa famille, Rennes.
1876. Mademoiselle Sophie Hardouin, Versailles.

Bien souvent, à l'origine, le P. Desbrosses, quelque jésuite de Laval, ou quelque prêtre de passage, venait offrir le divin sacrifice dans le petit oratoire. En février 1848 le vénéré religieux, plein d'années et de mérites, s'endormit dans le Seigneur et Monseigneur Bouvier autorisa, comme il convenait, l'inhumation de ses restes en la chapelle de Saint-Joseph-des-Champs.

D'ailleurs les aumôniers de la Miséricorde acquittaient fidèlement, de Pâques à la Toussaint, les messes fondées, M. le curé d'Entrammes en ayant décliné la charge. Puis, on le comprend, les missionnaires de Saint-Michel aimaient ce pèlerinage et, jusqu'au jour où des décrets de néfaste mémoire vinrent les frapper d'exil, le 30 juin 1880, ils multiplièrent leurs voyages de dévotion.

Ces jours de messes étaient ardemment désirés des travailleuses de Tout-li-faut. Pour elles, privées de tout durant la semaine, c'était la visite même de N.-S., la possibilité d'une communion fervente, où elles puisaient abondante provision de patience et de courage. Sœur Saint-Bernard alors était radieuse et, toute à son bonheur, oubliait vite les mauvais jours passés, si pleins pourtant d'inquiétudes et d'embarras. Bien des pèlerins se rappellent encore sœur Saint-Bernard, la première supérieure, qui, depuis la fondation de la résidence jusqu'en 1883, les accueillit toujours avec une si parfaite bonne grâce. Que d'attentions délicates et discrètes pour le religieux ou le prêtre visiteur ! Quelle hospitalité cordiale à tous, sans distinction ! Ceux qui destinaient à l'ornementation du sanctuaire le plus humble ex-voto, la plus modeste offrande ; et de riches bienfaiteurs, parfois, qui lui laissaient un don plus important, étaient ravis des sentiments de reconnaissance qu'elle exprimait avec tant de charme et de franche simplicité : d'eux tous elle se faisait autant d'amis, à qui c'était grande joie de la retrouver à chaque voyage et de lui confier leurs intentions, pour qu'elle plaidât leur cause près de saint Joseph. Dieu permit qu'elle vécut assez pour voir au moins les premiers résultats de son long dévouement, l'installation plus prospère de la petite communauté de Tout-li-faut et le développement croissant du pélerinage. Chacun sait d'expérience quelles traditions vivantes elle a laissées aux bonnes sœurs de Saint-Joseph, de bienveillant accueil et de charité prévenante pour les pèlerins.

Le 5 avril 1864, Mgr Wicart, à la requête de M. l'abbé Primault, aumônier de la Miséricorde, accorda le privilège de la sainte Réserve. Madame veuve Besnard et ses enfants, après elle, voulurent entretenir à leurs frais la lampe du T. S. Sacrement.

Il va sans dire que l'Encyclique de Pie IX, 8 décembre 1870, proclamant saint Joseph patron de l'Église universelle, rendit plus cher encore au peuple de Laval, son béni sanctuaire.

En 1873, le P. Benoit-Joseph, durant une station de carême à la Cathédrale, voulut organiser un pélerinage de la paroisse à Saint-Joseph-des-Champs. La ville entière s'y associa. Sous la présidence de M. l'abbé Baudry, vicaire-général, délégué de Mgr Wicart, toutes les écoles de Laval, congrégations et sociétés pieuses, et des milliers de personnes de toute condition, se rendirent processionnellement, en chantant ou priant à haute voix, jusqu'à l'autel élevé dans la prairie de Tout-li-faut. Là, le zélé missionnaire lut publiquement un acte de consécration solennelle à saint Joseph et le cortège revint à la Cathédrale, assister au salut du T. S. Sacrement. C'est une des plus belles manifestations de foi dont on ait gardé le souvenir dans la ville de Laval.

Une ordonnance épiscopale du 14 mars 1874, sollicitée par M. l'Aumônier de la Miséricorde, permit de donner la bénédiction du Saint-Sacrement à certaines fêtes déterminées et dans des circonstances prévues. Les groupes de pèlerins formant une réunion suffisante, avaient ainsi la joie d'assister au salut et ne se retiraient pas sans avoir dévotement vénéré la précieuse relique du manteau de saint Joseph, apportée de Rome par le vicomte et la vicomtesse d'Ambray (château de Chambellay, Maine-et-Loire).

En 1876, le dimanche 19 mars, le P. Leclerc, de la Compagnie de Jésus, adressait la parole à l'immense auditoire massé devant la petite chapelle.

En 1877, Mgr le Hardy du Marais obtint du Souverain Pontife Pie IX la concession d'une nouvelle indulgence plénière à gagner aux conditions ordinaires le 23 janvier, fête des Épousailles.

En 1879, le jour de la fête, des messes furent célébrées, sans interruption, depuis quatre heures du matin. Vers neuf heures M. l'abbé Blu, fondateur de l'Institution libre de l'Immaculée-Conception, chanta pour ses élèves une grand'messe solennelle, à laquelle assistèrent bon nombre d'étrangers. Le soir, au salut, la foule fut plus considérable encore ; les élèves du Grand-Séminaire étaient présents et le R. P. Catillion prit la parole.

En 1882, Mgr le Hardy du Marais célébra la sainte messe le 18 mars à la chapelle de Saint-Joseph et fixa, pour cette année, le pélerinage au mercredi 22.

Déjà quantité d'ex-voto couvraient de haut en bas les murs de l'oratoire. Souvent aussi les fidèles d'une paroisse, les membres d'une congrégation, d'un cercle catholique ou d'une famille, suspendaient à l'autel du saint un riche cœur en vermeil, où tous leurs noms étaient inscrits et toutes leurs intentions recommandées. D'autres voulaient pourvoir à la décoration de l'autel ou procurer les linges de sacristie nécessaires au culte : garnitures ouvragées, fines dentelles ou parures d'aubes, toutes œuvres d'un patient travail et témoignages de reconnaissance : « Voudriez-vous recevoir cette dentelle au crochet, disait à la sœur gardienne une modeste ouvrière : je n'ai pu faire mieux ; mais c'est au moins le fruit de bien des veilles et de bien des privations ; je suis redevable de tant de grâces à saint Joseph et j'en espère de Lui tant d'autres par la suite ! »

Pareilles excuses et mêmes protestations d'invincible confiance étaient renouvelées peu de temps après par une mère de famille. « Cet ornement d'autel, si modeste qu'il soit, représente beaucoup de sacrifices tout personnels ; est-ce que le Père nourricier de l'Enfant Jésus ne m'en tiendra pas compte en protégeant mes six enfants ! »

Son Ém. le cardinal Richard, archevêque de Paris, alors coadjuteur de Mgr Guibert, fit à notre chapelle un voyage d'actions de grâces en 1884.

Vers la fin de mars de l'année précédente, Madame L..., de Laval, était restée dangereusement malade après la naissance de son fils P... Son état devint très inquiétant, et sa famille éplorée prévint par dépêche l'oncle de la malade, Mgr Richard. Le vénérable prélat arrivait à Laval dès le lendemain matin

14 avril, veille du troisième dimanche après Pâques. auprès de sa nièce. La journée fut mauvaise; trois médecins réunis en consultation ne laissèrent pas d'espoir et déclarèrent que vraisemblablement la mort se produirait avant 48 heures. La nuit n'apporta pas le moindre changement; il n'y eut point de crise imprévue. La malade fut administrée par l'archevêque, dans la journée du dimanche; puis Mgr Richard eut la pensée d'un double vœu qu'il fit immédiatement à saint Joseph et à saint Benoît Labre. La guérison ne fut pas subite; mais, contre les prévisions des docteurs, le danger disparut lentement et Madame L..., au bout de quelques semaines, retrouva toutes ses forces.

Ce fut en exécution du double vœu fait dans ces circonstances que Mgr Richard vint apporter au sanctuaire de saint Joseph, une statue décorée du bienheureux Benoît Labre et célébrer le saint sacrifice en remercîment à saint Joseph lui-même.

Le lundi de la Trinité 23 mai 1887, jour annuel du pélerinage du cercle catholique de Nuillé-sur-Vicoin, c'était un bien touchant tableau de voir pieusement s'avancer, en tête du cortège, un jeune homme portant un cierge magnifique, sur lequel on avait écrit en lettres d'or : Reconnaissance à saint Joseph. Et sa famille et ses amis racontaient avec joie comment, au cours d'une maladie récente, ils avaient vu leur parent et leur compagnon d'âge aux portes du tombeau ; que, d'un commun accord, ils avaient imploré l'intercession puissante de Saint-Joseph-des-champs ; et qu'ils voulaient maintenant rendre au saint Patriarche un éclatant hommage pour la prompte guérison qu'ils avaient obtenue.

Depuis l'expulsion des R. P. Jésuites, M. l'abbé Blu montra pour l'œuvre du Pélerinage un dévouement à toute épreuve. Il prit la peine d'aller, chaque dimanche d'abord, à Saint-Joseph, célébrer la sainte messe, donner le salut du soir et adresser aux religieuses et aux filles de la communauté quelques paroles d'édification ; bientôt il y vint acquitter les messes de fondation le mercredi et le vendredi de chaque semaine, puis tous les jours régulièrement. Il eut pour fidèle compagnon de ces pieux voyages le vénérable et bon M. Macé, que Dieu rappelait à lui le 3 septembre dernier, à l'âge de 82 ans. Tous deux, le prêtre et son dévot servant de messe, firent bien longtemps à pied leur course quotidienne. M. Macé prenait plaisir, au retour, à raconter les faveurs de tout genre dont saint Joseph, assurait-il avec une foi naïve, avait daigné le combler dans son petit sanctuaire. Aussi mit-il toujours le plus grand zèle à propager autour de lui la dévotion confiante au saint Protecteur. Pour diminuer d'autant une fatigue excessive, M. Blu s'était, dans les dernières années, pourvu d'un modeste équipage, grâce auquel il put continuer son très charitable office, jusqu'au moment où fut nommé l'aumônier résident, M. l'abbé Servelle, en novembre 1889.

Au mois d'octobre de cette même année, après la publication de l'Encyclique de Sa Sainteté Léon XIII, *Quanquam pluries*, relative à l'invocation de la sainte Vierge et de saint Joseph dans les difficultés des temps actuels, une messe fut dite à 8 heures, tous les jours, dans la chapelle, et le salut donné tous les jeudis. Trois à quatre cents personnes se trouvaient là, réunies sous la présidence de M. le chanoine Couanier de Launay. De l'oratoire on se rendait processionnellement au calvaire et tous les assistants, à genoux, les bras en croix, sans aucun respect humain, chantaient le *Parce Domine*, priaient aux intentions du Souverain Pontife et pour la pacification religieuse de notre pays.

Monseigneur Bougaud n'avait pas fait attendre sa visite à Saint-Joseph-des-Champs. Il y vint le 2 avril donner un salut solennel et trouva 5000 personnes au moins accourues, pour le recevoir, de Laval et des paroisses voisines. L'auguste visiteur ne dissimula point son étonnement joyeux d'une manifestation qu'il n'avait pu prévoir si magnifique. Tandis qu'entouré d'un clergé nombreux il traversait une double haie de pèlerins, quelqu'un remarqua devant lui l'insuffisance de l'oratoire et la nécessité qui s'imposait depuis des années déjà, d'élever en cet endroit un monument qui correspondît mieux à la croissante dévotion des fidèles. Du perron de la chapelle l'évêque se retourna vers la foule et promenant sur son peuple un long regard de plaisir : « *Évidemment*, dit-il, *on ne saurait faire tenir les eaux de la mer dans une coquille de noix* ». Mgr Bougaud accorda l'attention la plus vive à tout ce qui lui fut dit de la popularité du pélerinage et de l'affluence énorme à certains jours de mars ; il remarqua ce jour-là même l'embarras pour la plupart des visiteurs à pénétrer, ne fût-ce qu'un instant, dans le sanctuaire, d'où les premiers arrivants avaient peine à ressortir au travers de la foule, et laissa pressentir aux amis de saint Joseph la réalisation prochaine des vœux tant de fois renouvelés d'agrandissement ou de construction nouvelle. Le deuil inattendu qui vint si cruellement ravir l'illustre et bien-aimé prélat à son diocèse, remit tout en question.

Un triduum préparatoire à la fête du 19 mars, en 1890, prêché par M. le chanoine Couanier de Launay, fut très suivi.

La récente élection de Mgr Cléret avait fini, pour l'Église de Laval, une longue et douloureuse série d'épreuves. Sa Grandeur fit, le lundi de Pâques, une visite solennelle au sanctuaire où, malgré le mauvais temps, une assistance nombreuse avait pris rendez-vous. Monseigneur témoigna du plus grand intérêt pour tout ce qui pourrait entretenir et développer une dévotion si chère au peuple Lavallois et, dès la fin de l'année 1891, approuva les plans d'une chapelle plus spacieuse qui lui furent présentés par M. Louis Garnier, architecte, inspecteur des édifices diocésains.

La première pierre en fut bénite le 19 mars 1892. Les bonnes religieuses de la Miséricorde, si dévouées à cette œuvre, qu'elles ont bien le droit de regarder comme la leur, avaient tout fait pour rehausser l'éclat de cette imposante cérémonie. Des oriflammes flottaient à tous les arbres de l'avenue jusqu'à l'entrée du sanctuaire ; des poteaux surmontés de banderolles et placés à distance égale, soutenaient la triple guirlande de mousse et de lierre qui dessinait l'emplacement de la future chapelle. Sur la galerie découverte de l'ancien oratoire, la statue de saint Joseph entourée de lys, se détachait sur un fond de verdure.

Le sermon fut donné par un P. de la Compagnie de Jésus. Près de Monseigneur s'étaient placés MM. les vicaires généraux, plusieurs membres du vénérable chapitre, le R. P. Baudier, M. le curé d'Entrammes, MM. les aumôniers de la Miséricorde et de Saint-Joseph, les prêtres du clergé de la ville et des paroisses environnantes et une députation de séminaristes. Après la bénédiction solennelle, Monseigneur donna le salut du T. S. Sacrement, chanté par les élèves de l'Immaculée-Conception.

Grâce à des bienfaiteurs toujours dévoués, au concours particulièrement généreux du clergé diocésain et des communautés, à la charité des fidèles. aux aumônes des pèlerins, les sommes indispensables à l'entreprise furent promptement recueillies. Que d'âmes reconnaissantes ont saisi cette occasion de témoigner efficacement à saint Joseph leur pieux sentiment ! Que de confidences reçues en même temps qu'une offrande, mais qu'il convient de garder secrètes ! Après une longue attente, quelque pécheur touché de la grâce s'est enfin converti, dans des circonstances telles, attesteront les siens, qu'il ne faut attribuer un changement si parfait qu'à la puissance de saint Joseph.

De sérieuses vocations jusques là s'étaient trouvées

en butte à des oppositions systématiques. Tous les obstacles sont tombés après un recours persévérant au chaste Époux de la Vierge Immaculée.

« Nous vous avions prié de recommander à saint Joseph de très graves intérêts, écrit la Supérieure d'une importante communauté. Nous voulons le remercier de nous avoir si pleinement exaucées. »

« Pressées par de grands embarras d'affaires, écrivent aussi Mesdemoiselles D..., commerçantes à L..., nous n'avons su que prier saint Joseph de nous venir en aide et, contre notre attente, les arrangements ne nous ont point été désavantageux ». De généreuses offrandes accompagnaient ces lettres.

Les dons les plus modestes étaient relevés souvent par une délicatesse de foi vraiment exquise : « Je ne puis souffrir d'être privée de participer à l'œuvre de saint Joseph, disait une personne presque pauvre ; je vous envoie bien peu, mais j'y mets tout mon cœur. »

« Saint Joseph, dit une autre, ne dédaignera pas mon obole. Au temps qu'il vivait sur la terre, le charpentier de Nazareth ne connut guère, sans doute, les gains exorbitants ; j'ai bon espoir qu'il bénira très volontiers ma petite aumône. »

Sans doute on eut souhaité faire entrer dans les plans nouveaux le sanctuaire de fondation. C'était l'ardent désir de tous ceux que saint Joseph y avait bien des fois accueillis et consolés.

Cependant, de très sérieux motifs ont fait prévaloir un projet contraire. La construction devait être, en effet, autant que possible, rapprochée du couvent, dont elle comprend la chapelle ordinaire ; de plus, l'ancien oratoire coupant en sens oblique les lignes des autres bâtiments, offrait à l'œil une disgrâcieuse irrégularité qui disparaît dans le plan nouveau.

La Miséricorde, obéissant avec une charité joyeuse aux volontés expresses de la bonne Mère Thérèse, a concédé tout le terrain nécessaire ; et sans compter leurs journées ni leur peine, les courageuses filles de la résidence, non moins zélées que leurs devancières, ont mené seules à bonne fin les travaux de terrassements.

Aujourd'hui, le monument est debout, d'aspect vraiment majestueux. Il est de style latin ou roman primitif. La façade se présente au bout de la longue avenue, qui s'ouvre de plain-pied sur la route d'Entrammes. L'architecte a voulu rompre la monotonie des surfaces, par l'emploi de briques au teint très coloré, disposées en cordons dans les parties droites et placées en claveaux dans les cintres des fenêtres. Une terrasse, fermée par une galerie byzantine, couronne, en avant de l'édifice, le porche qui peut aisément servir d'abri.

Tout dernièrement, on a placé sur le pignon de la chapelle, à 18 m. 60 au-dessus du sol pavé, la statue de saint Joseph. Le virginal époux de Marie porte, d'une main, la tige de lys, emblême des chastes, et soutient de l'autre, avec amour, le doux enfant Jésus, son fils adoptif et son Dieu. Cette œuvre d'art, en bronze doré, sortie des ateliers de M. Gasne, à Tusey (Meuse), mesure 2 m. 80 de hauteur. L'image bénie, quand elle s'éclaire au lever de l'aurore, ou lorsque les rayons du soleil couchant l'entourent d'une auréole de feu, se détache très nettement en plein ciel, attire les premiers regards et fait entendre, en quelque sorte, au cœur du pèlerin l'appel inscrit un peu plus bas : ITE AD JOSEPH.

A l'intérieur, la nef centrale, de quatre mètres de largeur, est séparée de chacun des bas côtés par quatre colonnes, auxquelles un revêtement de stuc donnera tout le brillant et le poli du marbre. Les chapiteaux en sont richement sculptés et décorés du lys emblématique.

Les bas côtés, outre qu'ils procurent à la nef principale un agrandissement appréciable, ont un autre avantage encore : par une habile combinaison, les doubleaux de leurs voûtes, qui prolongent et contre-boutent à la fois ceux de la nef, sont ajourés de baies étroites et donnent à tout l'ensemble un remarquable cachet d'élégance. Deux portes latérales permettent d'éviter tout l'encombrement des entrées et sorties, aux jours des plus grandes foules. En arrière de la grande porte on a pris soin de ménager une tribune assez spacieuse qui communique avec la terrasse extérieure.

Le sanctuaire, à fond rectiligne, est recouvert d'une voûte en coupole, au-dessous de laquelle s'élève l'autel majeur. Un second autel doit être placé dans le transept de droite et faire face à la chapelle privée de la communauté, qui forme le transept de gauche.

Les 15 fenêtres, étroites et longues, attendent des vitraux historiés qui représenteront les divers épisodes de la vie de saint Joseph. Au fond du sanctuaire, les pèlerins de la première heure ont admiré déjà « la glorification de saint Joseph », « la mort du saint Patriarche » et « l'intérieur de la Sainte Famille ». Ces vitraux ont été grâcieusement offerts, le premier par les congrégations des Enfants de Marie, placées à Laval sous la direction des RR. PP. Jésuites, et les deux autres par les familles Besnard et d'Argencé, dont ils portent le chiffre et les armes.

Les bienfaiteurs de l'œuvre ont droit à la neuvaine de messes offertes chaque année du 10 au 19 mars ; tous les jours aussi des prières sont faites à leurs intentions dans les différentes Maisons de la Miséricorde, où l'on ne récite jamais un *Ave Maria,* qui ne soit suivi de l'invocation à saint Joseph ; de même au sanctuaire du pélerinage.

Filius accrescens Joseph (*Gen.* XLIX, 22). Joseph est et doit être toujours un fils grandissant, disait le patriarche antique en bénissant son enfant bien-aimé. Ce texte de l'Écriture, si volontiers appliqué par l'Église et la tradition catholique au Père Gardien de Jésus, se présente de lui-même et s'impose à qui se ressouvient un instant de l'importance toujours croissante qu'a prise, depuis ses humbles origines, le pélerinage de Saint-Joseph-des-Champs. Toutefois l'œuvre n'est point parfaite encore ; le nouveau sanctuaire n'est pas achevé dans ses détails ; la coupole du chœur et les voûtes sans nervures de la nef sont évidemment destinées à des peintures décoratives ; l'ameublement provisoire est presque nul et tout à fait insuffisant ; ni la ville de Laval, si favorable dès le début à cette œuvre pieuse, ni les paroisses voisines, au souvenir des faveurs passées, ni tant de fidèles et dévots serviteurs du saint Époux de Marie, ne se lasseront d'embellir *leur chapelle* : tous la veulent magnifique, vraiment digne du Protecteur puissant et bon qu'ils y viennent implorer; tous y apporteront souvent leur foi, leurs actions de grâces, leurs supplications et leurs offrandes; qu'en retour, ils se tiennent assurés des desseins de charité bienfaisante, que réalisera le Fils de Dieu, dans le temple élevé par eux à la gloire de son Père nourricier.

Laval. — Imprimerie A. Goupil

www.ingramcontent.com/pod-product-compliance
Ingram Content Group UK Ltd.
Pitfield, Milton Keynes, MK11 3LW, UK
UKHW021028200726
13857UKWH00004B/1645